BEI GRIN MACHT SICH IHR WISSEN BEZAHLT

AF141643

- Wir veröffentlichen Ihre Hausarbeit, Bachelor- und Masterarbeit

- Ihr eigenes eBook und Buch - weltweit in allen wichtigen Shops

- Verdienen Sie an jedem Verkauf

Jetzt bei www.GRIN.com hochladen und kostenlos publizieren

Esther Kaiser

Darstellung und Kritik des Habituskonzeptes nach Pierre Bourdieu

GRIN Verlag

Bibliografische Information der Deutschen Nationalbibliothek:

Die Deutsche Bibliothek verzeichnet diese Publikation in der Deutschen National-
bibliografie; detaillierte bibliografische Daten sind im Internet über http://dnb.d-
nb.de/ abrufbar.

Impressum:

Copyright © 2009 GRIN Verlag, Open Publishing GmbH
Druck und Bindung: Books on Demand GmbH, Norderstedt Germany
ISBN: 978-3-640-93355-6

Dieses Buch bei GRIN:

http://www.grin.com/de/e-book/173200/darstellung-und-kritik-des-habituskonzeptes-
nach-pierre-bourdieu

GRIN - Your knowledge has value

Der GRIN Verlag publiziert seit 1998 wissenschaftliche Arbeiten von Studenten, Hochschullehrern und anderen Akademikern als eBook und gedrucktes Buch. Die Verlagswebsite www.grin.com ist die ideale Plattform zur Veröffentlichung von Hausarbeiten, Abschlussarbeiten, wissenschaftlichen Aufsätzen, Dissertationen und Fachbüchern.

Besuchen Sie uns im Internet:

http://www.grin.com/

http://www.facebook.com/grincom

http://www.twitter.com/grin_com

Universität Osnabrück
Fachbereich Erziehungswissenschaften
Wintersemester 2008/2009

Blockseminar: Grundlagen I: Bildung, Chancengleichheit und die „feinen
Unterschiede" - Pädagogische Erträge der Soziologie Pierre Bourdieus

Seminararbeit zum Abschluss des P1GrB Moduls: Grundfragen der Pädagogik

Darstellung und Kritik des Habituskonzeptes nach Pierre Bourdieu

Inhaltsverzeichnis

1. Einleitung

Die Arbeiten des französischen Soziologen Pierre Bourdieu haben in den letzten Jahren nicht nur in Frankreich sondern auch in Deutschland immer mehr an Bedeutung gewonnen. Sie zentrieren sich um Themen aus der Kultursoziologie.

Diese Ausarbeitung setzt sich in Ergänzung zu dem Blockseminar noch einmal ausführlicher mit dem von Bourdieu entwickelten Schlüsselbegriff des ‚Habitus' auseinander. Dabei sollen nicht nur Merkmale, Eigenschaften und Besonderheiten des Habituskonzeptes hervorgehoben (Kap 2) sondern auch kritisch hinterfragt werden (Kap 3).

2. Das Habituskonzept nach Pierre Bourdieu

2.1 Grundlegende Informationen

Es ist teilweise schwer fest zu stellen wie Bourdieu das Habitus-Konzept entwickelt hat, doch er benutzte den Begriff ‚Habitus' schon sehr früh. Auch vor ihm tauchte der Begriff des Habitus bereits in der Philosophie und in der Soziologie (Emile Durkheim, Max Weber) auf. Er flechtet den Begriff des Habitus in seine Theorie der sozialen Welt ein und bezeichnet ihn als „die generalisierten Kompetenzen von Individuen, die aber klassenspezifisch verteilt sind"[1]. Man kann sie auch als „strukturierte Strukturen bzw. Systeme dauerhafter und übertragbarer Dispositionen (…), die als Erzeugungs- und Ordnungsgrundlagen für Praktiken und Vorstellungen fungieren"[2] bezeichnen. Der Habitus kann also als Vermittler zwischen der individuellen Wahl von Alternativen und Verbindlichkeiten gesehen werden.

Darüber hinaus verkörpert er soziale Einflüsse, agiert jedoch meist unbewusst und natürlich individuell. Er ist nicht Resultat bewusster Entscheidungen und befolgt auch keine Regeln. Der Habitus umfasst also Wahrnehmungen, Denken, Empfinden und jegliches Handeln. Er wird geprägt durch Geschlecht, soziale Herkunft, etc. und hat Auswirkungen auf den Lebensstil, das Wissen und Handeln aber auch den Geschmack, die Sprache und die soziale Kompetenz eines Individuums.

---

[1] Bohn, Cornelia, Habitus und Kontext, S.5.
[2] Bourdieu, Pierre, Strukturen, Habitusformen, Praktiken, S.97

Zusammenfassend kann man den Habitus als individuelle „sozial erzeugte Schemata"[3] bezeichnen. Konkret angewendet wird der Habitus beispielsweise im eigenen Stilempfinden oder im persönlichen Geschmack. Im Verlauf des Lebens wird er erworben sowie ausgebildet. Der Habitus findet sich eindeutig im praktischen Handeln und nicht im Bewusstsein wieder.[4] Er ist in der Lage neue Verhaltensweisen hervorzubringen, auf eine kreative und erfinderische Art und Weise.[5]

2.2 Funktionsweisen des Habitus

2.2.1 Habitus und Klasse

Bourdieu schließt sich in seinen Untersuchung Marx[6] an, indem er die moderne Gesellschaft als eine Klassengesellschaft beschreibt. Diese Klassen existieren jedoch nur, wenn sie in der Praxis, d.h. im alltäglichen Handeln der Individuen am Leben erhalten werden.

Des Weiteren verfügt jeder Mensch über ökonomisches und kulturelles Kapital, das individuell in den sozialen Raum eingebracht wird. Dieses Kapital kann natürlich nur wahrgenommen werden, wenn es auch im Handeln eines Individuums sichtbar wird. Bourdieu versucht, Klassenlage und Lebensführung zu verknüpfen, denn genau an dieser Stelle tritt der Habitus in Aktion. Die Unterscheidungs- und Bewertungsprinzipien, die im Habitus eingelagert sind kommen erst in der praktischen Lebensführung zur Geltung. D.h., jegliche Form von Praktiken, sei es eine Meinungsäußerung oder aber ein Besitztum usw., erhält ihren sozialen Sinn indem sie etwas anzeigen, nämlich die sozialen Unterschiede, die den Menschen zu einer bestimmten sozialen Klasse zugehörig machen.

Man spricht von einem ‚Klassenhabitus' wenn ein Individuum in seiner Lebensführung die gleichen wesentlichen Elemente zeigt wie die Mitglieder seiner Klasse. Gezeigt wird dieser Klassenhabitus häufig in den jeweiligen Moralvorstellungen, aber auch zum Beispiel im äußeren Erscheinung, dem Geschmack, den Gewohnheiten oder den Präferenzen. Er ist

---

[3] Bohn, Cornelia, Habitus und Kontext, S.5
[4] Bohn, Cornelia, Habitus und Kontext, S.5f.
[5] Krais, Beate, Habitus, S. 5f.
[6] Bourdieu kritisiert und erweitert Marx Theorie

Ausdruck und Spiegelbild der Klasse. Bourdieu geht außerdem davon aus, dass jede Klasse gesonderte Vorstellungen über das richtige Handeln und das richtige Sein hat bzw. entwickelt. So siedeln sich die Vorstellungen der unteren Klassenschichten eher in praktischen und bescheidenen Dingen der Gegenwart an. Im Gegensatz dazu konstruieren Mitglieder der oberen Schichten zukunftsorientierte Vorstellungen, die sich um das Wohl der Familie zentrieren. Genau diese Unterschiede sind nach Bourdieu nur mit dem Habitus zu erklären. Betrachtet man einmal die Mittelklasse kommt auch die Frage des sozialen Aufstiegs auf. Bourdieu definiert die Chancen zwar als gering aber dennoch kann der bloße Wille sie vergrößern. Er macht jedoch auch darauf aufmerksam, dass man seinen Habitus, seine soziale Identität nicht wie Kleider beliebig wechseln kann. Der Habitus kann zum Beispiel durch die schulische Ausbildung weiter entwickelt, jedoch nicht komplett umstrukturiert werden. Er wird immer durch die Bedingungen seiner Entstehung geprägt bleiben.[7] Auch Michael Hartmann stellt in seinem Aufsatz zum Thema: „Leistung oder Habitus? (…)" fest, dass es einen Unterschied zwischen einem sozial Aufgestiegenem oder einem von Geburt dazugehörigen Klassenmitglied gibt. Diese Unterschiede spiegeln sich zum Beispiel im Auftreten, Verhalten oder in der Kommunikation wieder. Der Versuch sich einen Habitus sozusagen anzutrainieren, wird oft als ein solcher enttarnt.[8]

2.2.2 Habitus und Geschlecht

Bourdieu untersuchte das Strukturierungsprinzip zwischen den Geschlechtern und veröffentlichte diese unter dem Titel: „Die männliche Herrschaft" (2005). Auch hier beschreibt er den Habitus als Art Vermittler zwischen sozialen Strukturen der Geschlechterrollen. Eine besondere Macht misst er auch dem Begriff des ‚Geschlechtes' in der Gesellschaft zu. Genauer gesagt definiert er den Begriff ‚Geschlecht' wie folgt: „Das Geschlecht ist eine ganz fundamentale Dimension des Habitus, die, wie in der Musik die Kreuze oder die Schlüssel, alle mit den fundamentalen sozialen Faktoren zusammenhängenden sozialen Eigenschaften modifiziert"[9]
Männlich und weiblich wird in der Gesellschaft immer als Gegensatz gesehen und zwar nur, weil sich diese Sicht im Habitus so eingelagert hat. Nach Bourdieu wird ein geschlechtsspezifischer Habitus von Geburt an in jedem Individuum entwickelt. Er geht sogar

---

[7] Vgl. Krais, Beate, Habitus, S.18f.
[8] Vgl. Hartmann, Michael, Der Mytos von den Leistungsekiten, S. 116f.
[9] Bourdieu, Pierre, Die männliche Herrschaft, S.222.

soweit, dass er sagt, das dieses Geschlechtsverhältnis zu den „frühesten Schemata sozialer Differenzierung"[10] gehört, was sicherlich auch daran liegt, dass sich der Habitus auf Grund von männlichen bzw. weiblichen Körpermerkmalen in eine bestimmte Richtung entwickelt. Im Unterschied zu den sozialen Klassen wird das Geschlecht als absoluter Gegensatz konstruiert, was dazu führt das sowohl Frauen als auch Männer in ihren Möglichkeiten und Lebensführungen eingeschränkt werden. Die Prägung des geschlechtsspezifischen Habitus beeinflusst ebenfalls die Körperwahrnehmung und dessen Ausdrucksfähigkeiten sowie die jeweiligen Gewohnheiten. Sie bestimmt sozusagen die „Identität vom Körper her"[11].

2.2.3 Habitus und das soziale Feld

Bourdieu bezieht in seinen Untersuchungen des sozialen Feldes überwiegend die Bereiche Literatur, Religion und Wissenschaft mit ein. Er stellte sich dabei die Frage, wie das Verhältnis zwischen sozialer Welt und den kulturellen Objekten aussieht. Unter kulturellen Objekten versteht Bourdieu die Produktion von beispielsweise literarischen Werken oder aber Werken der Kunst bzw. Photografie usw. Wie können diese Produkte also einerseits eine Eigendynamik entwickeln und aber andererseits durch ihre sozialen Funktionen hindurch betrachtet werden? Diese zwei unterschiedlichen Funktionsweisen beschreibt Bourdieu als ‚interne' und ‚externe' Erklärungen der Produktionen. Es ist ihm jedoch wichtig, diesen Gegensatz zu überwinden und ihm eine soziale Sichtweise bei zu messen. D.h., er sieht Literatur, Religion und Wissenschaft in einem sozialen Feld.

Darüber hinaus sieht Bourdieu soziale Felder als ‚Kräftefelder', die von der Konkurrenz der einzelnen Individuen geprägt werden. Jeder nimmt eine gesonderte Position in einem Kraftfeld ein und versucht darin zu existieren und es zu bestreiten. Es wird ein Standpunkt bzw. eine Sichtweise eingenommen und eingesetzt. Dabei spielt auch eine ‚Feld-spezifische Logik' eine Rolle, denn ein erfolgreicher Geschäftsmann wird sich in seinem Kraftfeld immer anders verhalten als zum Beispiel ein Künstler. Ein soziales Feld ist nach Bourdieu also „ein nach einer Logik funktionierendes ‚Spiel' um Macht und Einfluss"[12].

---

[10] Krais, Beate, Habitus, S. 49.
[11] Krais, Beate, Habitus, S. 51.
[12] Krais, Beate, Habitus, S. 56.

3. Kritische Ansätze

Das Habitus-Konzept gehört zu den häufigsten kritisierten aber aus missverstandenen Theorien Pierre Bourdieus. So gab es in der Vergangenheit immer wieder Stimmen, die die unvorhandene Meinungs-, Willens- und Handlungsfreiheit in diesem Konzept sowie die Festigung von Herrschaft und die mangelnde Veränderung von Strukturen beanstandeten.[13] Ich möchte in meiner Ausarbeitung das Augenmerk unter Berücksichtigung des Artikels „Der Habitus als praxisgenerierendes Prinzip?" von Cornelia Bohn auf den Praxisbezug des Habitus-Konzeptes legen und meine persönliche kritische Meinung darstellen.

3.1 Habitus in der Praxis

Der Habitus wird bei Bohn als „praxisgenerierendes Prinzip"[14] beschrieben und ist nicht zuletzt ein wichtiger Schlüsselbegriff der Praxistheorie Bourdieus. Es war ihm wichtig jenseits von subjektivistischen und objektivistischen Vorraussetzungen eine Antwort auf die Praxisgenerierung des Habitus zu finden. Doch gelingt ihm das auch wirklich?

Bohn stellte in ihren Untersuchungen fest, das Bourdieu in seinen Erläuterungen über ein praxisgenerierendes Habitus-Konzept eher ‚befangen' bleibt. Die Ursache dafür liegt in der Beschreibung des Habitus als „verfeinertes Regelsystem", „dessen generative Leistung in der Übertragbarkeit liegt"[15]. Auch in der Definition der ‚sozialen Situation' erkennt Bohn wieder dieselbe Befangenheit, denn an diesem Punkt scheitern für gewöhnlich die Generierungsmodelle. Der soziale Raum bleibt eine Art ‚Schnittpunkt' zwischen Feld und Habitus, wobei das Generierungsprinzip eindeutig im Habitus eingelagert bleibt.

Darüber hinaus beschreibt Bohn den Integrationsversuch Bourdieus eher als eine Integration durch Addition und nicht eine Integration durch Überschreitung der Positionen.

---

[13] http://www.ornament-und-verbrechen.de/cgi-ornament/rs/ovPrint.cgi?id=170&images=no
[14] Bohn, Cornelia, Habitus und Kontext, S. 41.
[15] Bohn, Cornelia, Habitus und Kontext, S. 118.

3.2 Kritische Schlussbetrachtungen

Gleich zu Beginn des Blockseminars stellte ich mir, wie vielleicht auch viele andere, die Frage warum sich Pierre Bourdieu in einem so schwierigen und gehobenen Wortlaut ausdrückt. Beim Lesen seiner Texte ist man nahezu gezwungen, des Öfteren Wörter nachzuschlagen. Auch mehrmaliges Durchlesen eines Textes ist sinnvoll, wenn man die Gedankengänge Bourdieus verstehen und nachvollziehen möchte. Das empfand ich zu Beginn als sehr gewöhnungsbedürftig, wenn nicht sogar negativ. Gerade im Hinblick auf Chancengleichheit empfinde ich es als Trugschluss, das eben nicht jeder in der Lage ist, Bourdieus Texte in vollem Umfang nachzuvollziehen. Erst im Klassengespräch und nach längerer intensiver Auseinandersetzung mit den Texten war ich in der Lage, Bourdieus Sichtweise zu verstehen. Doch warum wählte er nun einen solchen Schreibstil, obwohl er selbst aus eher ärmlichen Verhältnissen stammte? Im Seminar fanden wir einige Fragen auf die berechtigte Frage, die ich hier noch einmal kurz erläutern möchte.

Zuerst einmal war es Bourdieu wichtig, die Einflussreichen aus den oberen Schichten zu erreichen und genau diese zum Handeln zu bewegen. Seine Texte mussten also einem gewissen Standard entsprechen, damit gebildete Leute diese auch lasen. So konnte Bourdieu es erreichen, auch in wissenschaftlichen Kreisen ernst genommen zu werden. Es war gewiss nicht sein Ziel, Leser aus der unteren Schicht nach oben zu verhelfen. Er adressierte seine Texte bewusst an die oberen Schichten.

Bourdieu erschuf etwas völlig Neues, was in dieser Form bisher noch nicht vorkam. In diesem Zusammenhang die richtigen Worte zu finden war gewiss nicht immer einfach. Befürworter Bourdieus machen die Übersetzung aus dem Französischen ins Deutsche für die komplexen, verschachtelten Sätze verantwortlich.[16]

Könnte es aber nicht sein, dass Bourideu selber versuchte sich ‚künstlich' an das akademische Niveau anzupassen? Ein weiterer interessanter Kritikpunkt, denn Bourdieu stammte ja selbst aus einfachen Verhältnissen und schaffte den von ihm so bestrittenen sozialen Aufstieg. Doch vielleicht gelang ihm das nur, weil er sich in seinem Wort- und Schreibstil einem Niveau anglich, dem er gar nicht angehörte. Mit erscheint sein Schreibstil in manchen Fällen geradezu übertrieben schwierig und komplex, sodass man meinen könnte, er versuchte sich krampfhaft von der unteren Klasse abzusetzen.

---

[16] Vgl. Krais, Beate, Habitus, S. 7.

Einen weiteren Kritikpunkt sehe ich in der Übertragbarkeit Bourdieus Theorien auf andere Länder. Bourdieu zentrierte seine Untersuchungen und Forschungen überwiegend in Frankreich und Ländern wie Algerien. Gerade deshalb empfinde ich es als schwierig, seine Ansätze auf beliebige andere Länder in der Welt so einfach zu übertragen. Jedes Land hat ja gewiss eine ganz andere individuelle Infrastruktur, mit unterschiedlichen Klassensituationen und darin bestehenden Individuen. Diese Unterschiede beziehen sich nicht nur auf die Klassen, sondern auch die Stellung der Geschlechter oder aber der Konstruktion des sozialen Raumes. Ich denke nicht, dass das Habitus-Konzept in jedem Land in einer Form wie Bourdieu es beschreibt anwendbar und übertragbar ist.

Abschließend bleibt festzuhalten, dass die Theorien Bourdieus sicherlich nicht einfach zu verstehen sind und man gewillt sein muss, sich intensiv mit ihnen auseinander zu setzten, wenn man sie nachvollziehen möchte. Dennoch erschuf er ein völlig neues Konzept, was ihn sicherlich einiges an Kraft und Willenstärke kostete. Er musste sich gegen so manche Kritiker durchsetzten und behauptete sich in seinen Ansätze immer wieder von Neuen. Er wandte sich selbst auch gegen die zu dieser Zeit bestehende Soziologie und versuchte diese auf eine neue, innovative Art wieder zu beleben.

Literaturverzeichnis

BOHN, CORNELIA, Habitus und Kontext. Ein kritischer Beitrag zur Sozialtheorie Bourdieus, Darmstadt: Westdeutscher Verlag, 1991.

BOURDIEU, PIERRE, Strukturen, Habitusformen, Praktiken, in: Sozialer Sinn. Frankfurt am Main: 1993, S. 97-121.

HARTMANN, MICHAEL, Der Mythos von den Leistungseliten. Leistung oder Habitus? Voraussetzungen für den Zugang zu Elitepositionen in Wirtschaft, Wissenschaft, Justiz und Politik. Frankfurt am Main: 2002.

KRAIS, B. / GEBAUER, G., Zur Entstehung des Habitus-Konzepts. Bielefeld: 2002.